PREFACIO

La colección de guías de conversación para viajar "Todo irá bien" publicada por T&P Books está diseñada para personas que viajan al extranjero para turismo y negocios. Las guías contienen lo más importante - los elementos esenciales para una comunicación básica.Éste es un conjunto de frases imprescindibles para "sobrevivir" mientras está en el extranjero.

Esta guía de conversación le ayudará en la mayoría de los casos donde usted necesite pedir algo, conseguir direcciones, saber cuánto cuesta algo, etc. Puede también resolver situaciones difíciles de la comunicación donde los gestos no pueden ayudar.

Este libro contiene muchas frases que han sido agrupadas según los temas más relevantes.También encontrará un mini diccionario con palabras útiles - números, hora, calendario, colores…

Llévese la guía de conversación "Todo irá bien" en el camino y tendrá una insustituible compañera de viaje que le ayudará a salir de cualquier situación y le enseñará a no temer hablar con extranjeros.

TABLA DE CONTENIDOS

T&P Books Publishing

T&P Books Publishing

GUÍA DE CONVERSACIÓN
— HOLANDÉS —

LAS PALABRAS Y LAS FRASES MÁS ÚTILES

Esta Guía de Conversación
contiene las frases y las
preguntas más comunes
necesitadas para una
comunicación básica
con extranjeros

Andrey Taranov

T&P BOOKS

Guía de conversación + diccionario de 250 palabras

Guía de conversación Español-Holandés y mini diccionario de 250 palabras

por Andrey Taranov

La colección de guías de conversación para viajar "Todo irá bien" publicada por T&P Books está diseñada para personas que viajan al extranjero para turismo y negocios. Las guías contienen lo más importante - los elementos esenciales para una comunicación básica. Éste es un conjunto de frases imprescindibles para "sobrevivir" mientras está en el extranjero.

También encontrará un mini diccionario con 250 palabras útiles necesarias para la comunicación diaria - los nombres de los meses y de los días de la semana, medidas, miembros de la familia, y más.

T&P Books Publishing
www.tpbooks.com

ISBN: 978-1-78492-633-5

Este libro está disponible en formato electrónico o de E-Book también.
Visite www.tpbooks.com o las librerías electrónicas más destacadas en la Red.

PRONUNCIACIÓN

T&P alfabeto fonético	Ejemplo holandés	Ejemplo español
[a]	plasje	radio
[ā]	kraag	contraataque
[ɔ], [ɔ]	zondag	bolsa
[o]	geografie	bordado
[ō]	oorlog	domicilio
[e]	nemen	verano
[ē]	wreed	sexto
[ɛ]	ketterij	mes
[ɛ:]	crème	cuarenta
[ə]	tachtig	llave
[i]	alpinist	ilegal
[ī]	referee	destino
[ɣ]	stadhuis	pluma
[œ]	druif	alemán - Hölle
[ø]	treurig	alemán - Hölle
[u]	schroef	mundo
[ʉ]	zuchten	ciudad
[ū]	minuut	nocturna
[b]	oktober	en barco
[d]	diepte	desierto
[f]	fierheid	golf
[g]	golfclub	jugada
[h]	horizon	registro
[j]	jaar	asiento
[k]	klooster	charco
[l]	politiek	lira
[m]	melodie	nombre
[n]	netwerk	sonar
[p]	peper	precio
[r]	rechter	era, alfombra
[s]	smaak	salva
[t]	telefoon	torre
[v]	vijftien	travieso
[w]	waaier	acuerdo

T&P alfabeto fonético	Ejemplo holandés	Ejemplo español
[z]	zacht	desde
[dʒ]	manager	jazz
[ʃ]	architect	shopping
[ŋ]	behang	manga
[ɲ]	beertje	mapache
[ʒ]	bougie	adyacente
[x]	acht, gaan	reloj, ojo

LISTA DE ABREVIATURAS

Abreviatura en español

adj	-	adjetivo
adv	-	adverbio
anim.	-	animado
conj	-	conjunción
etc.	-	etcétera
f	-	sustantivo femenino
f pl	-	femenino plural
fam.	-	uso familiar
fem.	-	femenino
form.	-	uso formal
inanim.	-	inanimado
innum.	-	innumerable
m	-	sustantivo masculino
m pl	-	masculino plural
m, f	-	masculino, femenino
masc.	-	masculino
mat	-	matemáticas
mil.	-	militar
num.	-	numerable
p.ej.	-	por ejemplo
pl	-	plural
pron	-	pronombre
sg	-	singular
v aux	-	verbo auxiliar
vi	-	verbo intransitivo
vi, vt	-	verbo intransitivo, verbo transitivo
vr	-	verbo reflexivo
vt	-	verbo transitivo

Abreviatura en holandés

mv.	-	plural

Artículos en holandés

de	-	género neutro
de/het	-	neutro, género neutro
het	-	neutro

T&P BOOKS

GUÍA DE
CONVERSACIÓN
HOLANDÉS

Esta sección contiene frases
importantes que pueden
resultar útiles en varias
situaciones de la vida real.
La Guía le ayudará a pedir
direcciones, aclaración
sobre precio, comprar billetes,
y pedir alimentos en un
restaurante

T&P Books Publishing

CONTENIDO DE LA GUÍA DE CONVERSACIÓN

T&P Books Publishing

Perdone, ...	**Pardon, ...** [par'dɔn, ...]
Hola.	**Hallo.** [halɔ]
Gracias.	**Bedankt.** [bə'dankt]

Sí.	**Ja.** [ja]
No.	**Nee.** [nẽ]
No lo sé.	**Ik weet het niet.** [ik wẽt ət nit]
¿Dónde? | ¿A dónde? | ¿Cuándo?	**Waar? | Waarheen? | Wanneer?** [wãr? | wãr'hẽn? | wa'nẽr?]

Necesito ...	**Ik heb ... nodig** [ik hɛp ... 'nɔdəx]
Quiero ...	**Ik wil ...** [ik wil ...]
¿Tiene ...?	**Hebt u ...?** [hɛpt ju ...?]
¿Hay ... por aquí?	**Is hier een ...?** [is hir en ...?]
¿Puedo ...?	**Mag ik ...?** [max ik ...?]
..., por favor? (petición educada)	**... alstublieft** [... alstʉ'blift]

Busco ...	**Ik zoek ...** [ik zuk ...]
el servicio	**toilet** [twa'lɛt]
un cajero automático	**geldautomaat** [xɛlt·autɔ'mãt]
una farmacia	**apotheek** [apɔ'tẽk]
el hospital	**ziekenhuis** [zikənhœys]

la comisaría	**politiebureau** [pɔ\'litsi bʉ\'rɔ]
el metro	**metro** ['metrɔ]

un taxi	**taxi** [taksi]
la estación de tren	**station** [sta'tsjɔn]

Me llamo ...	**Ik heet ...** [ik hēt ...]
¿Cómo se llama?	**Hoe heet u?** [hu hēt ju?]
¿Puede ayudarme, por favor?	**Kunt u me helpen alstublieft?** [kʉnt ju mə 'hɛlpən alstʉ'blift?]
Tengo un problema.	**Ik heb een probleem.** [ik hɛp en prɔ'blēm]
Me encuentro mal.	**Ik voel me niet goed.** [ik vul mə nit xut]
¡Llame a una ambulancia!	**Bel een ambulance!** [bɛl en ambʉ'lansə!]
¿Puedo llamar, por favor?	**Mag ik opbellen?** [max ik ɔ'bɛlən?]

Lo siento.	**Sorry.** ['sɔri]
De nada.	**Graag gedaan.** [xrãx xə'dãn]

Yo	**Ik, mij** [ik, mɛj]
tú	**jij** [jɛj]
él	**hij** [hɛj]
ella	**zij** [zɛj]
ellos	**zij** [zɛj]
ellas	**zij** [zɛj]
nosotros /nosotras/	**wij** [wɛj]
ustedes, vosotros	**jullie** ['juli]
usted	**u** [ju]

ENTRADA	**INGANG** [inxaŋ]
SALIDA	**UITGANG** [œʏtxaŋ]
FUERA DE SERVICIO	**BUITEN GEBRUIK** [bœʏtən xə'brœʏk]
CERRADO	**GESLOTEN** [xə'slɔtən]

ABIERTO

OPEN
['ɔpən]

PARA SEÑORAS

DAMES
[daməs]

PARA CABALLEROS

HEREN
['herən]

Preguntas

¿Dónde?	**Waar?** [wār?]
¿A dónde?	**Waarheen?** [wār'hĕn?]
¿De dónde?	**Vanwaar?** [van'wār?]
¿Por qué?	**Waar?** [wār?]
¿Con que razón?	**Waarom?** [wā'rɔm?]
¿Cuándo?	**Wanneer?** [wa'nĕr?]

¿Cuánto tiempo?	**Hoe lang?** [hu laŋ?]
¿A qué hora?	**Hoe laat?** [hu lāt?]
¿Cuánto?	**Hoeveel?** [huvēl?]
¿Tiene ...?	**Hebt u ...?** [hɛpt ju ...?]
¿Dónde está ...?	**Waar is ...?** [wār is ...?]

¿Qué hora es?	**Hoe laat is het?** [hu lāt is ət?]
¿Puedo llamar, por favor?	**Mag ik opbellen?** [max ik ɔ'bɛlən?]
¿Quién es?	**Wie is daar?** [wi is dār?]
¿Se puede fumar aquí?	**Mag ik hier roken?** [max ik hir 'rɔkən?]
¿Puedo ...?	**Mag ik ...?** [max ik ...?]

Necesidades

Quisiera ...	**Ik zou graag ...** [ik 'zau xrāx ...]
No quiero ...	**Ik wil niet ...** [ik wil nit ...]
Tengo sed.	**Ik heb dorst.** [ik hɛp dɔrst]
Tengo sueño.	**Ik wil gaan slapen.** [ik wil xān 'slapən]
Quiero ...	**Ik wil ...** [ik wil ...]
lavarme	**wassen** [wasən]
cepillarme los dientes	**mijn tanden poetsen** [mɛjn 'tandən 'putsən]
descansar un momento	**even rusten** [evən 'rʉstən]
cambiarme de ropa	**me omkleden** [mə 'ɔmkledən]
volver al hotel	**teruggaan naar het hotel** [te'rʉxxān nār hɛt hɔ'tɛl]
comprar ...	**... kopen** [... 'kɔpən]
ir a ...	**gaan naar ...** [xān nār ...]
visitar ...	**bezoeken ...** [bə'zukən ...]
quedar con ...	**ontmoeten ...** [ɔnt'mutən ...]
hacer una llamada	**opbellen** [ɔ'bɛlən]
Estoy cansado /cansada/.	**Ik ben moe.** [ik bɛn mu]
Estamos cansados /cansadas/.	**We zijn moe.** [we zɛjn mu]
Tengo frío.	**Ik heb het koud.** [ik hɛp ət 'kaut]
Tengo calor.	**Ik heb het warm.** [ik hɛp ət warm]
Estoy bien.	**Ik ben okay.** [ik bɛn ɔ'kɛj]

Tengo que hacer una llamada.

Necesito ir al servicio.

Me tengo que ir.

Me tengo que ir ahora.

Ik moet opbellen.
[ik mut ɔ'bɛlən]

Ik moet naar het toilet.
[ik mut nãr ət twa'lɛt]

Ik moet weg.
[ik mut wɛx]

Ik moet nu weg.
[ik mut nʉ wɛx]

Preguntar por direcciones

Perdone, …

Pardon, …
[par'dɔn, …]

¿Dónde está …?

Waar is …?
[wār is …?]

¿Por dónde está …?

Welke richting is …?
['wɛlkə 'rixtiŋ is …?]

¿Puede ayudarme, por favor?

Kunt u me helpen alstublieft?
[kʉnt ju mə 'hɛlpən alstʉ'blift?]

Busco …

Ik zoek …
[ik zuk …]

Busco la salida.

Waar is de uitgang?
[wār is də 'œʏtxaŋ?]

Voy a …

Ik ga naar …
[ik xa nār …]

¿Voy bien por aquí para …?

Is dit de weg naar …?
[is dit də wɛx nār …?]

¿Está lejos?

Is het ver?
[iz ət vɛr?]

¿Puedo llegar a pie?

Kan ik er lopend naar toe?
[kan ik ɛr 'lopənt nār tu?]

¿Puede mostrarme en el mapa?

Kunt u het op de plattegrond aanwijzen?
[kʉnt ju ət ɔp də platə'xrɔnt 'ānwɛjzən?]

Por favor muestreme dónde estamos.

Kunt u me aanwijzen waar we nu zijn?
[kʉnt ju mə 'ānwɛjzən wār wə nʉ zɛjn]

Aquí

Hier
[hir]

Allí

Daar
[dār]

Por aquí

Deze kant uit
[dezə kant 'œʏt]

Gire a la derecha.

Rechtsaf.
[rɛxts'af]

Gire a la izquierda.

Linksaf.
[linksaf]

la primera (segunda, tercera) calle

eerste (tweede, derde) bocht
[ērstə ('twēdə, 'dɛrdə) bɔxt]

a la derecha

rechtsaf
[rɛxts'af]

a la izquierda

linksaf
[linksaf]

Siga recto.

Ga rechtuit.
[xa 'rɛxtœʏt]

Carteles

¡BIENVENIDO!	**WELKOM!** ['wɛlkɔm!]
ENTRADA	**INGANG** [inxaŋ]
SALIDA	**UITGANG** [œʏtxaŋ]

EMPUJAR	**DRUK** [drʉk]
TIRAR	**TREK** [trɛk]
ABIERTO	**OPEN** ['ɔpən]
CERRADO	**GESLOTEN** [xə'slɔtən]

PARA SEÑORAS	**DAMES** [daməs]
PARA CABALLEROS	**HEREN** ['herən]
CABALLEROS	**HEREN** ['herən]
SEÑORAS	**DAMES** [daməs]

REBAJAS	**KORTINGEN** ['kɔrtiŋən]
VENTA	**UITVERKOOP** [œʏt'vɛrkōp]
GRATIS	**GRATIS** [xratis]
¡NUEVO!	**NIEUW!** [niu!]
ATENCIÓN	**PAS OP!** [pas ɔp!]

COMPLETO	**ALLE KAMERS BEZET** [ale 'kamərs bə'zɛt]
RESERVADO	**GERESERVEERD** [xərezɛr'vērt]
ADMINISTRACIÓN	**ADMINISTRATIE** [administ'ratsi]
SÓLO PERSONAL AUTORIZADO	**UITSLUITEND PERSONEEL** [œʏtslœʏtənt pɛrsɔ'nēl]

CUIDADO CON EL PERRO

PAS OP VOOR DE HOND!
[pas ɔp võr də hɔnt!]

NO FUMAR

VERBODEN TE ROKEN!
[vər'bɔdən tə 'rɔkən!]

NO TOCAR

NIET AANRAKEN!
[nit 'ānrakən!]

PELIGROSO

GEVAARLIJK
[xə'vārlək]

PELIGRO

GEVAAR
[xə'vār]

ALTA TENSIÓN

HOOGSPANNING
[hõxs'paniŋ]

PROHIBIDO BAÑARSE

VERBODEN TE ZWEMMEN
[vər'bɔdən tə 'zwemən]

FUERA DE SERVICIO

BUITEN GEBRUIK
[bœytən xə'brœyk]

INFLAMABLE

ONTVLAMBAAR
[ɔnt'flambār]

PROHIBIDO

VERBODEN
[vər'bɔdən]

PROHIBIDO EL PASO

VERBODEN TOEGANG
[vər'bɔdən 'tuxaŋ]

RECIÉN PINTADO

NATTE VERF
[natə vɛrf]

CERRADO POR RENOVACIÓN

GESLOTEN WEGENS VERBOUWING
[xə'slɔtən 'wexəns vər'bauwiŋ]

EN OBRAS

WERK IN UITVOERING
[wɛrk in œyt'vuriŋ]

DESVÍO

OMWEG
['ɔmwɛx]

Transporte. Frases generales

el avión	**vliegtuig** [vlixtœɤx]
el tren	**trein** [trɛjn]
el bus	**bus** [bʉs]
el ferry	**veerpont** [vērpɔnt]
el taxi	**taxi** [taksi]
el coche	**auto** [autɔ]

el horario	**dienstregeling** [dinst·'rexəliŋ]
¿Dónde puedo ver el horario?	**Waar is de dienstregeling?** [wār is də dinst·'rexəliŋ?]
días laborables	**werkdagen** [wɛrk'daxən]
fines de semana	**weekends** [wīkɛnts]
días festivos	**vakanties** [va'kantsis]

SALIDA	**VERTREK** [vər'trɛk]
LLEGADA	**AANKOMST** [ānkɔmst]
RETRASADO	**VERTRAAGD** [vərt'rāxt]
CANCELADO	**GEANNULEERD** [xəanʉ'lērt]

siguiente (tren, etc.)	**volgende** ['vɔlxəndə]
primero	**eerste** [ērstə]
último	**laatste** [lātstə]

¿Cuándo pasa el siguiente ...?	**Hoe laat gaat de volgende ...?** [hu lāt xāt də 'vɔlxəndə ...?]
¿Cuándo pasa el primer ...?	**Hoe laat gaat de eerste ...?** [hu lāt xāt də 'ērstə ...?]

¿Cuándo pasa el último ...?

Hoe laat gaat de laatste ...?
[hu lāt xāt də 'lātstə ...?]

el trasbordo (cambio de trenes, etc.)

aansluiting
[ānslœʏtiŋ]

hacer un trasbordo

overstappen
[ɔvər'stapən]

¿Tengo que hacer un trasbordo?

Moet ik overstappen?
[mut ik ɔvər'stapən?]

Comprar billetes

¿Dónde puedo comprar un billete?

Waar kan ik kaartjes kopen?
[wãr kan ik 'kãrtjəs 'kɔpən?]

el billete

kaartje
[kãrtjə]

comprar un billete

een kaartje kopen
[en 'kãrtjə 'kɔpən]

precio del billete

prijs van een kaartje
[prɛjs van en 'kãrtjə]

¿Para dónde?

Waarheen?
[wãr'hẽn?]

¿A qué estación?

Naar welk station?
[nãr wɛlk sta'tsjɔn?]

Necesito ...

Ik heb ... nodig
[ik hɛp ... 'nɔdəx]

un billete

een kaartje
[en 'kãrtjə]

dos billetes

twee kaartjes
[twẽ 'kãrtjəs]

tres billetes

drie kaartjes
[dri 'kãrtjəs]

sólo ida

enkel
['ɛnkəl]

ida y vuelta

retour
[re'tu:r]

en primera (primera clase)

eerste klas
[ẽrstə klas]

en segunda (segunda clase)

tweede klas
[twẽdə klas]

hoy

vandaag
[van'dãx]

mañana

morgen
['mɔrxən]

pasado mañana

overmorgen
[ɔvər'mɔrxən]

por la mañana

s morgens
[s 'mɔrxəns]

por la tarde

s middags
[s 'midaxs]

por la noche

s avonds
[s 'avɔnts]

asiento de pasillo	**zitplaats aan het gangpad** [zitplāts ān ət 'xaŋpat]
asiento de ventanilla	**zitplaats bij het raam** [zitplāts bɛj ət rām]
¿Cuánto cuesta?	**Hoeveel?** [huvēl?]
¿Puedo pagar con tarjeta?	**Kan ik met een creditcard betalen?** [kan ik mɛt en 'kredit·kart bə'talən?]

Autobús

el autobús	**bus** [bʉs]
el autobús interurbano	**intercity bus** [inter'siti bʉs]
la parada de autobús	**bushalte** [bʉs'haltə]
¿Dónde está la parada de autobuses más cercana?	**Waar is de meest nabij gelegen bushalte?** [wãr is də mẽst na'bɛj xə'lexən bʉs'haltə?]

número	**nummer** [nʉmər]
¿Qué autobús tengo que tomar para ...?	**Met welke bus kan ik naar ... gaan?** [mɛt 'wɛlkə bʉs kan ik nãr ... xãn?]
¿Este autobús va a ...?	**Gaat deze bus naar ...?** [xãt 'dezə bʉs nãr ...?]
¿Cada cuanto pasa el autobús?	**Hoe dikwijls rijden de bussen?** [hu 'dikwəls 'rɛjdən də 'bʉsən?]

cada 15 minutos	**om het kwartier** [ɔm ət kwar'tir]
cada media hora	**om het half uur** [ɔm ət half ũr]
cada hora	**om het uur** [ɔm ət ũr]
varias veces al día	**verschillende keren per dag** [vər'sxiləndə 'kerən pər dax]
... veces al día	**... keer per dag** [... kẽr pər dax]

el horario	**dienstregeling** [dinst·'rexəliŋ]
¿Dónde puedo ver el horario?	**Waar is de dienstregeling?** [wãr is də dinst·'rexəliŋ?]
¿Cuándo pasa el siguiente autobús?	**Hoe laat vertrekt de volgende bus?** [hu lãt vər'trɛkt də 'vɔlxəndə bʉs?]
¿Cuándo pasa el primer autobús?	**Hoe laat vertrekt de eerste bus?** [hu lãt vər'trɛkt də 'ẽrstə bʉs?]
¿Cuándo pasa el último autobús?	**Hoe laat vertrekt de laatste bus?** [hu lãt vər'trɛkt də 'lãtstə bʉs?]
la parada	**halte** [haltə]

la siguiente parada

volgende halte
[vɔlxəndə 'haltə]

la última parada

eindstation
[ɛjnt sta'tsjɔn]

Pare aquí, por favor.

Hier stoppen alstublieft.
[hir 'stɔpən alstʉ'blift]

Perdone, esta es mi parada.

Pardon, dit is mijn halte.
[par'dɔn, dit is mɛjn 'haltə]

Tren

el tren	**trein** [trɛjn]
el tren de cercanías	**pendeltrein** ['pendəl trɛjn]
el tren de larga distancia	**langeafstandstrein** [laŋə·'afstants·trɛjn]
la estación de tren	**station** [sta'tsjɔn]
Perdone, ¿dónde está la salida al anden?	**Pardon, waar is de toegang tot het perron?** [par'dɔn, wăr is də 'tuxaŋ tɔt ət pɛ'rɔn?]

¿Este tren va a ...?	**Gaat deze trein naar ...?** [xăt 'dezə trɛjn năr ...?]
el siguiente tren	**volgende trein** ['vɔlxəndə trɛjn]
¿Cuándo pasa el siguiente tren?	**Hoe laat gaat de volgende trein?** [hu lăt xăt də 'vɔlxəndə trɛjn?]
¿Dónde puedo ver el horario?	**Waar is de dienstregeling?** [wăr is də dinst·'rexəliŋ?]
¿De qué andén?	**Van welk perron?** [van wɛlk pɛ'rɔn?]
¿Cuándo llega el tren a ...?	**Wanneer komt de trein aan in ...?** [wa'nĕr kɔmt də trɛjn ăn in ...?]

Ayudeme, por favor.	**Kunt u me helpen alstublieft?** [kʉnt ju mə 'hɛlpən alstʉ'blift?]
Busco mi asiento.	**Ik zoek mijn zitplaats.** [ik zuk mɛjn 'zitplăts]
Buscamos nuestros asientos.	**Wij zoeken onze zitplaatsen.** [wɛj 'zukən 'ɔnzə 'zitplătsen]
Mi asiento está ocupado.	**Mijn zitplaats is bezet.** [mɛjn 'zitplăts is bə'zɛt]
Nuestros asientos están ocupados.	**Onze zitplaatsen zijn bezet.** [ɔnzə 'zitplătsən zɛjn bə'zɛt]

Perdone, pero ese es mi asiento.	**Sorry, maar dit is mijn zitplaats.** [sɔri, măr dit is mɛjn 'zitplăts]
¿Está libre?	**Is deze zitplaats bezet?** [is 'dezə 'zitplăts bə'zɛt?]
¿Puedo sentarme aquí?	**Mag ik hier zitten?** [max ik hir 'zitən?]

En el tren. Diálogo (Sin billete)

Su billete, por favor.	**Uw kaartje alstublieft.** [ʉw 'kãrtjə alstʉ'blift]
No tengo billete.	**Ik heb geen kaartje.** [ik hɛp xēn 'kãrtjə]
He perdido mi billete.	**Ik heb mijn kaartje verloren.** [ik hɛp mɛjn 'kãrtjə vər'lɔrən]
He olvidado mi billete en casa.	**Ik heb mijn kaartje thuis vergeten.** [ik hɛp mɛjn 'kãrtjə thœys vər'xetən]

Le puedo vender un billete.	**U kunt een kaartje van mij kopen.** [ju kʉnt en 'kãrtjə van mɛj 'kɔpən]
También deberá pagar una multa.	**U moet ook een boete betalen.** [ju mut ōk en 'butə bə'talən]
Vale.	**Okay.** [ɔ'kɛj]
¿A dónde va usted?	**Waar gaat u naartoe?** [wãr xãt ju nãrtu?]
Voy a …	**Ik ga naar …** [ik xa nãr …]

¿Cuánto es? No lo entiendo.	**Hoeveel kost het? Ik versta het niet.** [huvēl kɔst ət? ik vərs'ta ət nit]
Escríbalo, por favor.	**Schrijf het neer alstublieft.** [sxrɛjf ət nēr alstʉ'blift]
Vale. ¿Puedo pagar con tarjeta?	**Okay. Kan ik met een creditcard betalen?** [ɔ'kɛj. kan ik mɛt en 'kredit·kart bə'talən?]
Sí, puede.	**Ja, dat kan.** [ja, dat kan]

Aquí está su recibo.	**Hier is uw ontvangstbewijs.** [hir is ʉw ɔnt'faŋst·bə'wɛjs]
Disculpe por la multa.	**Sorry voor de boete.** [sɔri vōr də 'butə]
No pasa nada. Fue culpa mía.	**Maakt niet uit. Het is mijn schuld.** [mākt nit œyt hɛt is mɛjn sxʉlt]
Disfrute su viaje.	**Prettige reis.** ['prɛtixə rɛjs]

Taxi

taxi	**taxi** [taksi]
taxista	**taxi chauffeur** [taksi ʃɔ'før]
coger un taxi	**een taxi nemen** [en 'taksi 'nemən]
parada de taxis	**taxistandplaats** [taksi·'stantplāts]
¿Dónde puedo coger un taxi?	**Waar kan ik een taxi nemen?** [wār kan ik en 'taksi 'nemən?]
llamar a un taxi	**een taxi bellen** [en 'taksi 'bɛlən]
Necesito un taxi.	**Ik heb een taxi nodig.** [ik hɛp en 'taksi 'nɔdəx]
Ahora mismo.	**Nu onmiddellijk.** [nʉ ɔn'midələk]
¿Cuál es su dirección?	**Wat is uw adres?** [wat is ʉw ad'rɛs?]
Mi dirección es ...	**Mijn adres is ...** [mɛjn ad'rɛs is ...]
¿Cuál es el destino?	**Uw bestemming?** [ʉw bəs'tɛmiŋ?]
Perdone, ...	**Pardon, ...** [par'dɔn, ...]
¿Está libre?	**Bent u vrij?** [bɛnt ju vrɛj?]
¿Cuánto cuesta ir a ...?	**Hoeveel kost het naar ...?** [huvēl kɔst ət nār ...?]
¿Sabe usted dónde está?	**Weet u waar dit is?** [wēt ju wār dit is?]
Al aeropuerto, por favor.	**Luchthaven alstublieft.** [lʉxt'havən alstʉ'blift]
Pare aquí, por favor.	**Hier stoppen alstublieft.** [hir 'stɔpən alstʉ'blift]
No es aquí.	**Het is niet hier.** [hɛt is nit hir]
La dirección no es correcta.	**Dit is het verkeerde adres.** [dit is ət vər'kērdə ad'rɛs]
Gire a la izquierda.	**Linksaf.** [linksaf]
Gire a la derecha.	**Rechtsaf.** [rɛxts'af]

¿Cuánto le debo?	**Hoeveel ben ik u schuldig?** [huvēl bɛn ik ju 'sxʉldəx?]
¿Me da un recibo, por favor?	**Kan ik een bon krijgen alstublieft.** [kan ik en bɔn 'krɛjxən alstʉ'blift]
Quédese con el cambio.	**Hou het kleingeld maar.** [hau ət 'klɛjnxɛlt mār]

Espéreme, por favor.	**Wil u even op mij wachten?** [wil ju 'evən ɔp mɛj 'waxtən?]
cinco minutos	**vijf minuten** [vɛjf mi'nʉtən]
diez minutos	**tien minuten** [tin mi'nʉtən]
quince minutos	**vijftien minuten** [vɛjftin mi'nʉtən]
veinte minutos	**twintig minuten** [twintəx mi'nʉtən]
media hora	**een half uur** [en half ūr]

Hotel

Hola.	**Hallo.** [halɔ]
Me llamo ...	**Ik heet ...** [ik hēt ...]
Tengo una reserva.	**Ik heb gereserveerd.** [ik hɛp xərezɛr'vērt]

Necesito ...	**Ik heb ... nodig** [ik hɛp ... 'nɔdəx]
una habitación individual	**een enkele kamer** [ən 'ɛnkelə 'kamər]
una habitación doble	**een tweepersoons kamer** [en twē·pɛr'sōns 'kamər]
¿Cuánto cuesta?	**Hoeveel kost dat?** [huvēl kɔst dat?]
Es un poco caro.	**Dat is nogal duur.** [dat is 'nɔxal dūr]

¿Tiene alguna más?	**Zijn er geen andere mogelijkheden?** [zɛjn ɛr xēn 'andərə 'mɔxələkhedən?]
Me quedo.	**Die neem ik.** [di nēm ik]
Pagaré en efectivo.	**Ik betaal contant.** [ik bə'tāl kɔn'tant]

Tengo un problema.	**Ik heb een probleem.** [ik hɛp en prɔ'blēm]
Mi ... no funciona.	**Mijn ... is stuk.** [mɛjn ... is stʉk]
Mi ... está fuera de servicio.	**Mijn ... doet het niet meer.** [mɛjn ... dut ət nit mēr]
televisión	**TV** [te've]
aire acondicionado	**airco** ['ɛrkɔ]
grifo	**kraan** [krān]

ducha	**douche** [duʃ]
lavabo	**lavabo** [lava'bɔ]
caja fuerte	**brandkast** [brantkast]

cerradura	**deurslot** ['dørslɔt]
enchufe	**stopcontact** [stɔp kɔn'takt]
secador de pelo	**haardroger** [hãr·drɔxər]

No tengo …	**Ik heb geen …** [ik hɛp xēn …]
agua	**water** [watər]
luz	**licht** [lixt]
electricidad	**stroom** [strōm]

¿Me puede dar …?	**Kunt u mij een … bezorgen?** [kunt ju mɛj en … bə'zɔrxən?]
una toalla	**een handdoek** [en 'handuk]
una sábana	**een deken** [en 'dekən]
unas chanclas	**pantoffels** [pan'tɔfəls]
un albornoz	**een badjas** [en badjas]
un champú	**shampoo** [ʃʌmpō]
jabón	**zeep** [zēp]

Quisiera cambiar de habitación.	**Ik wil van kamer veranderen.** [ik wil van 'kamər və'randerən]
No puedo encontrar mi llave.	**Ik kan mijn sleutel niet vinden.** [ik kan mɛjn 'sløtel nit 'vindən]
Por favor abra mi habitación.	**Kunt u mijn kamer openen alstublieft?** [kunt ju mɛjn 'kamər 'ɔpenən alstu'blift?]
¿Quién es?	**Wie is daar?** [wi is dãr?]
¡Entre!	**Kom binnen!** [kɔm 'binən!]
¡Un momento!	**Een ogenblikje!** [en 'ɔxənblikje!]
Ahora no, por favor.	**Niet op dit moment alstublieft.** [nit ɔp dit mɔ'mɛnt alstu'blift]

Venga a mi habitación, por favor.	**Kom naar mijn kamer alstublieft.** [kɔm nãr mɛjn 'kamer alstu'blift]
Quisiera hacer un pedido.	**Kan ik room service krijgen.** [kan ik rōm 'søːrvis 'krɛjxən]
Mi número de habitación es …	**Mijn kamernummer is …** [mɛjn 'kamər·'numer is …]

Me voy ...

Ik vertrek ...
[ik vər'trɛk ...]

Nos vamos ...

Wij vertrekken ...
[wɛj vər'trɛkən ...]

Ahora mismo

nu onmiddellijk
[nʉ ɔn'midələk]

esta tarde

vanmiddag
[van'midax]

esta noche

vanavond
[va'navɔnt]

mañana

morgen
['mɔrxən]

mañana por la mañana

morgenochtend
['mɔrxən 'ɔxtənt]

mañana por la noche

morgenavond
[mɔrxən 'avɔnt]

pasado mañana

overmorgen
[ɔvər'mɔrxən]

Quisiera pagar la cuenta.

Ik zou willen afrekenen.
[ik 'zau 'wilən 'afrekənən]

Todo ha estado estupendo.

Alles was uitstekend.
[aləs was œyts'tekənt]

¿Dónde puedo coger un taxi?

Waar kan ik een taxi nemen?
[wãr kan ik en 'taksi 'nemən?]

¿Puede llamarme un taxi, por favor?

Wil u alstublieft een taxi bestellen?
[wil ju alstʉ'blift en 'taksi bəs'tɛlən?]

Restaurante

¿Puedo ver el menú, por favor?

Kan ik het menu zien alstublieft?
[kan ik ət me'nʉ zin alstʉ'blift?]

Mesa para uno.

Een tafel voor één persoon.
[en 'tafəl võr en pɛr'sõn]

Somos dos (tres, cuatro).

We zijn met z'n tweeën (drieën, vieren).
[we zɛjn mɛt zən 'twēɛn ('driɛn, 'virən)]

Para fumadores

Roken
['rɔkən]

Para no fumadores

Niet roken
[nit 'rɔkən]

¡Por favor! (llamar al camarero)

Hallo! Pardon!
[halɔ! par'dɔn!]

la carta

menu
[me'nʉ]

la carta de vinos

wijnkaart
[wɛjnkãrt]

La carta, por favor.

Het menu alstublieft.
[hɛt me'nʉ alstʉ'blift]

¿Está listo para pedir?

Bent u zover om te bestellen?
[bɛnt ju 'zɔvər ɔm tə bəs'tɛlən?]

¿Qué quieren pedir?

Wat wenst u?
[wat wɛnst ju?]

Yo quiero ...

Voor mij ...
[võr mɛj ...]

Soy vegetariano.

Ik ben vegetariër.
[ik bɛn vexə'tarijər]

carne

vlees
[vlēs]

pescado

vis
[vis]

verduras

groente
['xruntə]

¿Tiene platos para vegetarianos?

Hebt u vegetarische gerechten?
[hɛpt ju vexə'tarisə xə'rɛxtən?]

No como cerdo.

Ik eet niet varkensvlees.
[ik ēt nit 'varkənsvlēs]

Él /Ella/ no come carne.

Hij /zij/ eet geen vlees.
[hɛj /zɛj/ ēt xēn vlēs]

Soy alérgico a ...

Ik ben allergisch voor ...
[ik bɛn aˈlɛrxis vōr ...]

¿Me puede traer ..., por favor?

Wil u mij ... brengen
[wil ju mɛj ... bˈrɛŋən]

sal | pimienta | azúcar

zout | peper | suiker
[zaut | ˈpepər | ˈsœykər]

café | té | postre

koffie | thee | dessert
[kɔfi | tĕ | dɛˈsɛːr]

agua | con gas | sin gas

water | met prik | gewoon
[watər | mɛt prik | xəˈwōn]

una cuchara | un tenedor | un cuchillo

een lepel | vork | mes
[en ˈlepəl | vɔrk | mɛs]

un plato | una servilleta

een bord | servet
[en bɔrt | sɛrˈvɛt]

¡Buen provecho!

Smakelijk!
[smakələk!]

Uno más, por favor.

Nog een alstublieft.
[nɔx en alstʉˈblift]

Estaba delicioso.

Het was heerlijk.
[hɛt was ˈhĕrlək]

---

la cuenta | el cambio | la propina

rekening | wisselgeld | fooi
[rekəniŋ | ˈwisəl·xɛlt | fōj]

La cuenta, por favor.

De rekening alstublieft.
[də ˈrekəniŋ alstʉˈblift]

¿Puedo pagar con tarjeta?

Kan ik met een creditcard betalen?
[kan ik mɛt en ˈkredit·kart bəˈtalən?]

Perdone, aquí hay un error.

Sorry, hier is een fout.
[sɔri, hir iz en ˈfaut]

De Compras

¿Puedo ayudarle?

Waarmee kan ik u van dienst zijn?
[wãr'mē kan ik ju van dinst zɛjn?]

¿Tiene ...?

Hebt u ...?
[hɛpt ju ...?]

Busco ...

Ik zoek ...
[ik zuk ...]

Necesito ...

Ik heb ... nodig
[ik hɛp ... 'nɔdəx]

Sólo estoy mirando.

Ik kijk even.
[ik kɛjk 'evən]

Sólo estamos mirando.

Wij kijken even.
[wɛj 'kɛjkən 'evən]

Volveré más tarde.

Ik kom wat later terug.
[ik kɔm wat 'latər te'rʉx]

Volveremos más tarde.

We komen later terug.
[we 'kɔmən 'latər te'rʉx]

descuentos | oferta

korting | uitverkoop
[kɔrtiŋ | 'œʏtverkōp]

Por favor, enséñeme ...

Kunt u mij ... laten zien alstublieft?
[kʉnt ju mɛj ... 'latən zin alstʉ'blift?]

¿Me puede dar ..., por favor?

Kunt u mij ... geven alstublieft?
[kʉnt ju mɛj ... 'xevən alstʉ'blift?]

¿Puedo probarmelo?

Kan ik dit passen?
[kan ik dit 'pasən?]

Perdone, ¿dónde están los probadores?

Pardon, waar is de paskamer?
[par'dɔn, wãr is də 'pas·kamər?]

¿Qué color le gustaría?

Welke kleur wenst u?
['wɛlkə 'klør wɛnst ju?]

la talla | el largo

maat | lengte
[mãt | 'leŋtə]

¿Cómo le queda? (¿Está bien?)

Past het?
[past ət?]

¿Cuánto cuesta esto?

Hoeveel kost het?
[huvēl kɔst ət?]

Es muy caro.

Dat is te duur.
[dat is tə dūr]

Me lo llevo.

Ik neem het.
[ik nēm ət]

Perdone, ¿dónde está la caja?

Pardon, waar moet ik betalen?
[par'dɔn, wãr mut ik bə'talən?]

¿Pagará en efectivo o con tarjeta?

Betaalt u contant of met een creditcard?
[bə'tālt ju kɔn'tant ɔf mɛt en 'kredit·kart?]

en efectivo | con tarjeta

contant | met een creditcard
[kɔn'tant | mɛt en 'kredit·kart]

¿Quiere el recibo?

Wil u een kwitantie?
[wil ju en kwi'tantsi?]

Sí, por favor.

Ja graag.
[ja xrãx]

No, gracias.

Nee, hoeft niet.
[nẽ, huft nit]

Gracias. ¡Que tenga un buen día!

Bedankt. Een fijne dag verder!
[bə'dankt. en 'fɛjnə dax 'vɛrdər!]

En la ciudad

Perdone, por favor.	**Pardon, ...** [par'dɔn, ...]
Busco ...	**Ik ben op zoek naar ...** [ik bɛn ɔp zuk nār ...]
el metro	**de metro** [də 'metrɔ]
mi hotel	**mijn hotel** [mɛjn hɔ'tɛl]

el cine	**de bioscoop** [də biɔ'skōp]
una parada de taxis	**een taxistandplaats** [en 'taksi·'stantplāts]
un cajero automático	**een geldautomaat** [en xɛlt·autɔ'māt]
una oficina de cambio	**een wisselagent** [en 'wisəl·a'xɛnt]

un cibercafé	**een internet café** [en 'intərnɛt ka'fe]
la calle ...	**... straat** [... strāt]
este lugar	**dit adres** [dit ad'rɛs]

¿Sabe usted dónde está ...?	**Weet u waar ... is?** [wēt ju wār ... is?]
¿Cómo se llama esta calle?	**Welke straat is dit?** [wɛlkə strāt is dit?]
Muestreme dónde estamos ahora.	**Kunt u me aanwijzen waar we nu zijn?** [kʉnt ju mə 'ānwɛjzən wār wə nʉ zɛjn]
¿Puedo llegar a pie?	**Kan ik er lopend naar toe?** [kan ik ɛr 'lɔpənt nār tu?]
¿Tiene un mapa de la ciudad?	**Hebt u een plattegrond van de stad?** [hɛpt ju en platə'xrɔnt van də stat?]

¿Cuánto cuesta la entrada?	**Hoeveel kost de toegang?** [huvēl kɔst də 'tuxaŋ?]
¿Se pueden hacer fotos aquí?	**Kan ik hier foto's maken?** [kan ik hir 'fotɔs 'makən?]
¿Está abierto?	**Bent u open?** [bɛnt ju 'ɔpən?]

¿A qué hora abren?

Hoe laat gaat u open?
[hu lāt xāt ju 'ɔpən?]

¿A qué hora cierran?

Hoe laat sluit u?
[hu lāt slœyt ju?]

Dinero

dinero	**geld** [xɛlt]
efectivo	**contant** [kɔn'tant]
billetes	**bankbiljetten** [bank·bi'ljetən]
monedas	**kleingeld** [klɛjn·xɛlt]
la cuenta | el cambio | la propina	**rekening | wisselgeld | fooi** [rekəniŋ | 'wisəl·xɛlt | fõj]
la tarjeta de crédito	**creditcard** [kredit·kart]
la cartera	**portemonnee** [pɔrtəmɔ'nē]
comprar	**kopen** ['kɔpən]
pagar	**betalen** [bə'talən]
la multa	**boete** ['butə]
gratis	**gratis** [xratis]
¿Dónde puedo comprar ...?	**Waar kan ik ... kopen?** [wār kan ik ... 'kɔpən?]
¿Está el banco abierto ahora?	**Is de bank nu open?** [is də bank nʉ 'ɔpən?]
¿A qué hora abre?	**Hoe laat gaat hij open?** [hu lāt xāt hɛj 'ɔpən?]
¿A qué hora cierra?	**Hoe laat sluit hij?** [hu lāt slœyt hɛj?]
¿Cuánto cuesta?	**Hoeveel?** [huvēl?]
¿Cuánto cuesta esto?	**Hoeveel kost dit?** [huvēl kɔst dit?]
Es muy caro.	**Dat is te duur.** [dat is tə dūr]
Perdone, ¿dónde está la caja?	**Pardon, waar moet ik betalen?** [par'dɔn, wār mut ik bə'talən?]
La cuenta, por favor.	**De rekening alstublieft.** [də 'rekəniŋ alstʉ'blift]

¿Puedo pagar con tarjeta?	**Kan ik met een creditcard betalen?**
	[kan ik mɛt en 'kredit·kart bə'talən?]
¿Hay un cajero por aquí?	**Is hier een geldautomaat?**
	[is hir en xɛlt·autɔ'māt?]
Busco un cajero automático.	**Ik zoek een geldautomaat.**
	[ik zuk en xɛlt·autɔ'māt]

Busco una oficina de cambio.	**Ik zoek een wisselagent.**
	[ik zuk en 'wisəl a'xɛnt]
Quisiera cambiar ...	**Ik zou ... willen wisselen.**
	[ik 'zau ... 'wilən 'wisələn]
¿Cuál es el tipo de cambio?	**Wat is de wisselkoers?**
	[wat is də 'wisəl·kurs?]
¿Necesita mi pasaporte?	**Hebt u mijn paspoort nodig?**
	[hɛpt ju mɛjn 'paspōrt 'nɔdəx?]

Tiempo

¿Qué hora es?	**Hoe laat is het?** [hu lāt is ǝt?]
¿Cuándo?	**Wanneer?** [wa'nēr?]
¿A qué hora?	**Hoe laat?** [hu lāt?]
ahora | luego | después de ...	**nu | later | na ...** [nʉ | 'latǝr | na ...]

la una	**een uur** [en ūr]
la una y cuarto	**kwart over een** [kwart 'ɔvǝr en]
la una y medio	**half twee** [half twē]
las dos menos cuarto	**kwart voor twee** [kwart vōr twē]

una | dos | tres	**een | twee | drie** [en | twē | dri]
cuatro | cinco | seis	**vier | vijf | zes** [vir | vɛjf | zɛs]
siete | ocho | nueve	**zeven | acht | negen** [zevǝn | axt | 'nexǝn]
diez | once | doce	**tien | elf | twaalf** [tin | ɛlf | twālf]

en ...	**binnen ...** ['binǝn ...]
cinco minutos	**vijf minuten** [vɛjf mi'nʉtǝn]
diez minutos	**tien minuten** [tin mi'nʉtǝn]
quince minutos	**vijftien minuten** [vɛjftin mi'nʉtǝn]
veinte minutos	**twintig minuten** [twintǝx mi'nʉtǝn]

media hora	**een half uur** [en half ūr]
una hora	**een uur** [en ūr]
por la mañana	**s ochtends** [s 'ɔxtǝnts]

por la mañana temprano	s ochtends vroeg [s 'ɔxtənts vrux]
esta mañana	vanmorgen [van'mɔrxən]
mañana por la mañana	morgenochtend ['mɔrxən 'ɔxtənt]

al mediodía	in het midden van de dag [in ət 'midən van də dax]
por la tarde	s middags [s 'midaxs]
por la noche	s avonds [s 'avɔnts]
esta noche	vanavond [va'navɔnt]

por la noche	s avonds [s 'avɔnts]
ayer	gisteren ['xistərən]
hoy	vandaag [van'dãx]
mañana	morgen ['mɔrxən]
pasado mañana	overmorgen [ɔvər'mɔrxən]

¿Qué día es hoy?	Wat is het vandaag? [wat is ət van'dãx?]
Es ...	Het is ... [hɛt is ...]
lunes	maandag [mãndax]
martes	dinsdag [dinzdax]
miércoles	woensdag [wunzdax]

jueves	donderdag [dɔndərdax]
viernes	vrijdag [vrɛjdax]
sábado	zaterdag [zatərdax]
domingo	zondag [zɔndax]

Saludos. Presentaciones.

Hola.	**Hallo.** [halɔ]
Encantado /Encantada/ de conocerle.	**Aangenaam.** [ānxənãm]
Yo también.	**Insgelijks.** ['insxeləks]
Le presento a ...	**Mag ik u voorstellen aan ...** [max ik ju 'vōrstɛlən ãn ...]
Encantado.	**Aangenaam.** [ānxənãm]

¿Cómo está?	**Hoe gaat het met u?** [hu xāt ət mɛt ju?]
Me llamo ...	**Ik heet ...** [ik hēt ...]
Se llama ...	**Dit is ...** [dit is ...]
Se llama ...	**Dit is ...** [dit is ...]
¿Cómo se llama (usted)?	**Hoe heet u?** [hu hēt ju?]
¿Cómo se llama (él)?	**Hoe heet hij?** [hu hēt hɛj?]
¿Cómo se llama (ella)?	**Hoe heet zij?** [hu hēt zɛj?]

¿Cuál es su apellido?	**Wat is uw achternaam?** [wat is uw 'axtər·nãm?]
Puede llamarme ...	**Noem mij maar ...** [num mɛj mãr ...]
¿De dónde es usted?	**Vanwaar komt u?** [van'wār kɔmt ju?]
Yo soy de	**Ik kom van ...** [ik kɔm van ...]
¿A qué se dedica?	**Wat is uw beroep?** [wat is uw bə'rup?]
¿Quién es?	**Wie is dit?** [wi is dit?]
¿Quién es él?	**Wie is hij?** [wi is hɛj?]
¿Quién es ella?	**Wie is zij?** [wi is zɛj?]
¿Quiénes son?	**Wie zijn zij?** [wi zɛjn zɛj?]

Este es …	**Dit is …** [dit is …]
mi amigo	**mijn vriend** [mɛjn vrint]
mi amiga	**mijn vriendin** [mɛjn vrin'din]
mi marido	**mijn man** [mɛjn man]
mi mujer	**mijn vrouw** [mɛjn 'vrau]
mi padre	**mijn vader** [mɛjn 'vadər]
mi madre	**mijn moeder** [mɛjn 'mudər]
mi hermano	**mijn broer** [mɛjn brur]
mi hermana	**mijn zuster** [mɛjn 'zʉstər]
mi hijo	**mijn zoon** [mɛjn zõn]
mi hija	**mijn dochter** [mɛjn 'dɔxtər]
Este es nuestro hijo.	**Dit is onze zoon.** [dit is 'ɔnzə zõn]
Esta es nuestra hija.	**Dit is onze dochter.** [dit is 'ɔnzə 'dɔxtər]
Estos son mis hijos.	**Dit zijn mijn kinderen.** [dit zɛjn 'mɛjn 'kindərən]
Estos son nuestros hijos.	**Dit zijn onze kinderen.** [dit zɛjn 'ɔnzə 'kindərən]

Despedidas

¡Adiós!	**Tot ziens!** [tɔt zins!]
¡Chau!	**Doei!** [dui!]
Hasta mañana.	**Tot morgen.** [tɔt 'mɔrxən]
Hasta pronto.	**Tot binnenkort.** [tɔt binə'kɔrt]
Te veo a las siete.	**Tot om zeven uur.** [tɔt ɔm 'zevən ūr]

¡Que se diviertan!	**Veel plezier!** [vēl plə'zīr!]
Hablamos más tarde.	**Tot straks.** [tɔt straks]
Que tengas un buen fin de semana.	**Prettig weekend.** [prɛtəx 'wīkɛnt]
Buenas noches.	**Goede nacht.** [xudə naxt]

Es hora de irme.	**ik moet opstappen.** [ik mut 'ɔpstapən]
Tengo que irme.	**Ik moet weg.** [ik mut wɛx]
Ahora vuelvo.	**ik ben zo terug.** [ik bɛn zɔ te'rʉx]

Es tarde.	**Het is al laat.** [hɛt is al lāt]
Tengo que levantarme temprano.	**Ik moet vroeg op.** [ik mut vrux ɔp]
Me voy mañana.	**Ik vertrek morgen.** [ik vər'trɛk 'mɔrxən]
Nos vamos mañana.	**Wij vertrekken morgen.** [wɛj vər'trɛkən 'mɔrxən]

¡Que tenga un buen viaje!	**Prettige reis!** ['prɛtixə rɛjs!]
Ha sido un placer.	**Het was fijn u te leren kennen.** [hɛt was fɛjn ju tə 'lerən 'kɛnən]
Fue un placer hablar con usted.	**Het was een prettig gesprek.** [hɛt was en 'prɛtəx xe'sprɛk]
Gracias por todo.	**Dank u wel voor alles.** [dank ju wɛl vōr 'aləs]

Lo he pasado muy bien.

ik heb ervan genoten.
[ik hɛp ɛr'van xə'nɔtən]

Lo pasamos muy bien.

Wij hebben ervan genoten.
[wɛj 'hɛbən ɛr'van xə'nɔtən]

Fue genial.

Het was bijzonder leuk.
[hɛt was bi'zɔndər 'løk]

Le voy a echar de menos.

Ik ga je missen.
[ik xa je 'misən]

Le vamos a echar de menos.

Wij gaan je missen.
[wɛj xān je 'misən]

¡Suerte!

Veel succes!
[vēl sʉk'sɛs!]

Saludos a ...

De groeten aan ...
[də 'xrutən ān ...]

Idioma extranjero

No entiendo.

Ik versta het niet.
[ik vər'sta ət nit]

Escríbalo, por favor.

Schrijf het neer alstublieft.
[sxrɛjf ət nēr alstʉ'blift]

¿Habla usted ...?

Spreekt u ...?
[sprēkt ju ...?]

Hablo un poco de ...

Ik spreek een beetje ...
[ik sprēk en 'bētjə ...]

inglés

Engels
['ɛŋəls]

turco

Turks
[tʉrks]

árabe

Arabisch
[a'rabis]

francés

Frans
[frans]

alemán

Duits
[dœʏts]

italiano

Italiaans
[itali'āns]

español

Spaans
[spāns]

portugués

Portugees
[portʉ'xēs]

chino

Chinees
[ʃi'nēs]

japonés

Japans
[ja'pans]

¿Puede repetirlo, por favor?

Kunt u dat herhalen alstublieft.
[kʉnt ju dat hɛr'halən alstʉ'blift]

Lo entiendo.

Ik versta het.
[ik vər'sta ət]

No entiendo.

Ik versta het niet.
[ik vər'sta ət nit]

Hable más despacio, por favor.

Spreek wat langzamer alstublieft.
[sprēk wat 'laŋzamər alstʉ'blift]

¿Está bien?

Is dat juist?
[is dat jœʏst?]

¿Qué es esto? (¿Que significa esto?)

Wat is dit?
[wat is dit?]

Disculpas

Perdone, por favor.	**Excuseer me alstublieft.** [ɛkskʉ'zēr mə alstʉ'blift]
Lo siento.	**Sorry.** ['sɔri]
Lo siento mucho.	**Het spijt me.** [hɛt spɛjt mə]
Perdón, fue culpa mía.	**Sorry, het is mijn schuld.** [sɔri, hɛt is mɛjn sxʉlt]
Culpa mía.	**Mijn schuld.** [mɛjn sxʉlt]
¿Puedo ...?	**Mag ik ...?** [max ik ...?]
¿Le molesta si ...?	**Is het goed dat ...?** [iz ət xut dat ...?]
¡No hay problema! (No pasa nada.)	**Het is okay.** [hɛt is ɔ'kɛj]
Todo está bien.	**Maakt niet uit.** [mākt nit œyt]
No se preocupe.	**Maak je geen zorgen.** [māk je xēn 'zɔrxən]

Acuerdos

Sí.
Ja.
[ja]

Sí, claro.
Ja zeker.
[ja 'zekər]

Bien.
Goed!
[xut!]

Muy bien.
Uitstekend.
[œyt'stekənt]

¡Claro que sí!
Zeker weten!
['zekər 'wetən!]

Estoy de acuerdo.
Ik ga akkoord.
[ik xa a'kõrt]

Es verdad.
Precies.
[prə'sis]

Es correcto.
Juist.
[jœyst]

Tiene razón.
Je hebt gelijk.
[je hɛpt xə'lɛjk]

No me molesta.
Ik doe het graag.
[ik du ət xrãx]

Es completamente cierto.
Dat is juist.
[dat is jœyst]

Es posible.
Dat is mogelijk.
[dat is 'mɔxələk]

Es una buena idea.
Dat is een goed idee.
[dat is en xut i'dē]

No puedo decir que no.
Ik kan niet nee zeggen.
[ik kan nit nē 'zɛxən]

Estaré encantado /encantada/.
Met genoegen.
[mɛt xə'nuxən]

Será un placer.
Graag.
[xrãx]

Rechazo. Expresar duda

No.

Nee.
[nē]

Claro que no.

Beslist niet.
[bəs'list nit]

No estoy de acuerdo.

Daar ben ik het niet mee eens.
[dār bɛn ik ət nit mē ēns]

No lo creo.

Dat geloof ik niet.
[dat xe'lōf ik nit]

No es verdad.

Dat is niet waar.
[dat is nit wār]

No tiene razón.

U maakt een fout.
[ju mākt en 'faut]

Creo que no tiene razón.

Ik denk dat u een fout maakt.
[ik dɛnk dat ju en 'faut mākt]

No estoy seguro /segura/.

Ik weet het niet zeker.
[ik wēt ət nit 'zekər]

No es posible.

Het is onmogelijk.
[hɛt is ɔn'mɔxələk]

¡Nada de eso!

Beslist niet!
[bəs'list nit!]

Justo lo contrario.

Precies het tegenovergestelde!
[prə'sis hɛt 'texən·'ɔvərxəstɛldə!]

Estoy en contra de ello.

Ik ben er tegen.
[ik bɛn ɛr 'texən]

No me importa. (Me da igual.)

Ik geef er niet om.
[ik xēf ɛr nit ɔm]

No tengo ni idea.

Ik heb geen idee.
[ik hɛp xēn i'dē]

Dudo que sea así.

Dat betwijfel ik.
[dat bet'wɛjfəl ik]

Lo siento, no puedo.

Sorry, ik kan niet.
[sɔri, ik kan nit]

Lo siento, no quiero.

Sorry, ik wil niet.
['sɔri, ik wil nit]

Gracias, pero no lo necesito.

Dank u, maar ik heb dit niet nodig.
[dank ju, mār ik hɛp dit nit 'nɔdəx]

Ya es tarde.

Het wordt laat.
[hɛt wɔrt lāt]

Tengo que levantarme temprano.

Ik moet vroeg op.
[ik mut vrux ɔp]

Me encuentro mal.

Ik voel me niet lekker.
[ik vul mə nit 'lɛkər]

Expresar gratitud

Gracias.	**Bedankt.** [bə'dankt]
Muchas gracias.	**Heel erg bedankt.** [hēl ɛrx bə'dankt]
De verdad lo aprecio.	**Ik stel dit zeer op prijs.** [ik stel dit zēr ɔp prɛjs]
Se lo agradezco.	**Ik ben u erg dankbaar.** [ik bɛn ju ɛrx 'dankbār]
Se lo agradecemos.	**Wij zijn u erg dankbaar.** [wɛj zɛjn ju ɛrx 'dankbār]

Gracias por su tiempo.	**Bedankt voor uw tijd.** [bə'dankt vōr ʉw tɛjt]
Gracias por todo.	**Dank u wel voor alles.** [dank ju wɛl vōr 'aləs]
Gracias por ...	**Bedankt voor ...** [bə'dankt vōr ...]
su ayuda	**uw hulp** [ʉw hʉlp]
tan agradable momento	**een leuke dag** [en 'løkə dax]

una comida estupenda	**een heerlijke maaltijd** [en 'hērlɛkə 'māltɛjt]
una velada tan agradable	**een prettige avond** [en 'prɛtixə 'avɔnt]
un día maravilloso	**een prettige dag** [en 'prɛtixə dax]
un viaje increíble	**een fantastische reis** [en fan'tastise rɛjs]

No hay de qué.	**Graag gedaan.** [xrāx xə'dān]
De nada.	**Graag gedaan.** [xrāx xə'dān]
Siempre a su disposición.	**Graag gedaan.** [xrāx xə'dān]
Encantado /Encantada/ de ayudarle.	**Tot uw dienst.** [tɔt ʉw dinst]
No hay de qué.	**Graag gedaan.** [xrāx xə'dān]
No tiene importancia.	**Maak je geen zorgen.** [māk je xēn 'zɔrxən]

Felicitaciones , Mejores Deseos

¡Felicidades!

Gefeliciteerd!
[xəfelisi'tērt!]

¡Feliz Cumpleaños!

Gefeliciteerd met je verjaardag!
[xəfelisi'tērt mɛt je və'rjārdax!]

¡Feliz Navidad!

Prettig Kerstfeest!
[prɛtəx 'kɛrstfēst!]

¡Feliz Año Nuevo!

Gelukkig Nieuwjaar!
[xə'lʉkəx 'niu'jār!]

¡Felices Pascuas!

Vrolijk Paasfeest!
[vrɔlək 'pāsfēst!]

¡Feliz Hanukkah!

Gelukkig Chanoeka!
[xə'lʉkəx 'xanuka!]

Quiero brindar.

Ik wil een heildronk uitbrengen.
[ik wil en 'hɛjldrɔnk 'œytbreŋen]

¡Salud!

Proost!
[prōst!]

¡Brindemos por ...!

Laten we drinken op ...!
[latən we 'drinkən ɔp ... !]

¡A nuestro éxito!

Op ons succes!
[ɔp ɔns sʉk'sɛs!]

¡A su éxito!

Op uw succes!
[ɔp ʉw sʉk'sɛs!]

¡Suerte!

Veel succes!
[vēl sʉk'sɛs!]

¡Que tenga un buen día!

Een prettige dag!
[en 'prɛtixə dax!]

¡Que tenga unas buenas vacaciones!

Een prettige vakantie!
[en 'prɛtixə va'kantsi!]

¡Que tenga un buen viaje!

Een veilige reis!
[en 'vɛjlixə rɛjs!]

¡Espero que se recupere pronto!

Ik hoop dat u gauw weer beter bent!
[ik hōp dat ju 'xau wēr 'betər bɛnt!]

Socializarse

¿Por qué está triste?	**Waarom zie je er zo verdrietig uit?** [wā'rɔm zi je ɛr zɔ vər'dritəx œyt?]
¡Sonría! ¡Anímese!	**Lach eens! Wees vrolijk!** [lax ēns! wēs 'vrɔlək!]
¿Está libre esta noche?	**Ben je vrij vanavond?** [bɛn je vrɛj va'navɔnt?]

¿Puedo ofrecerle algo de beber?	**Mag ik je een drankje aanbieden?** [max ik je en 'drankje 'ānbidən?]
¿Querría bailar conmigo?	**Zullen we eens dansen?** [zʉlən we ēns 'dansən?]
Vamos a ir al cine.	**Laten we naar de bioscoop gaan.** [latən we nār də bio'skōp xān]

¿Puedo invitarle a ...?	**Mag ik je uitnodigen naar ...?** [max ik je 'œytnɔdixən nār ...?]
un restaurante	**een restaurant** [en rɛstɔ'ran]
el cine	**de bioscoop** [də bio'skōp]
el teatro	**het theater** [hɛt te'ater]
dar una vuelta	**een wandeling** [en 'wandəliŋ]

¿A qué hora?	**Hoe laat?** [hu lāt?]
esta noche	**vanavond** [va'navɔnt]
a las seis	**om zes uur** [ɔm zɛs ūr]
a las siete	**om zeven uur** [ɔm 'zevən ūr]
a las ocho	**om acht uur** [ɔm axt ūr]
a las nueve	**om negen uur** [ɔm 'nexən ūr]

¿Le gusta este lugar?	**Vind u het hier leuk?** [vint ju ət hir 'løk?]
¿Está aquí con alguien?	**Bent u hier met iemand?** [bɛnt ju hir mɛt i'mant?]
Estoy con mi amigo /amiga/.	**Ik ben met mijn vriend.** [ik bɛn mɛt mɛjn vrint]

Estoy con amigos.	**Ik ben met mijn vrienden.**
	[ik bɛn mɛt mɛjn 'vrindən]
No, estoy solo /sola/.	**Nee, ik ben alleen.**
	[ik bɛn a'lēn]

¿Tienes novio?	**Heb jij een vriendje?**
	[hɛp jɛj en 'vrindje?]
Tengo novio.	**Ik heb een vriendje.**
	[ik hɛp en 'vrindje]
¿Tienes novia?	**Heb jij een vriendin?**
	[hɛp jɛj en vrin'din?]
Tengo novia.	**Ik heb een vriendin.**
	[ik hɛp en vrin'din]

¿Te puedo volver a ver?	**Kan ik je weer eens zien?**
	[kan ik je wēr ēns zin?]
¿Te puedo llamar?	**Mag ik je opbellen?**
	[max ik je ɔ'bɛlən?]
Llámame.	**Bel me op.**
	[bɛl mə ɔp]
¿Cuál es tu número?	**Wat is je nummer?**
	[wat is je 'nʉmər?]
Te echo de menos.	**Ik mis je.**
	[ik mis je]

¡Qué nombre tan bonito!	**U hebt een mooie naam.**
	[ju hɛpt en mōje nām]
Te quiero.	**Ik hou van jou.**
	[ik 'hau van 'jau]
¿Te casarías conmigo?	**Wil je met me trouwen?**
	[wil je mɛt mə 'trauwən?]
¡Está de broma!	**Dat meen je niet!**
	[dat mēn je nit!]
Sólo estoy bromeando.	**Grapje.**
	[xrapje]

¿En serio?	**Meen je dat?**
	[mēn je dat?]
Lo digo en serio.	**Ik meen het.**
	[ik mēn ət]
¿De verdad?	**Heus waar?!**
	[høs wār?!]
¡Es increíble!	**Dat is ongelooflijk!**
	[dat is ɔnxə'lōflək!]
No le creo.	**Ik geloof je niet.**
	[ik xə'lōf je nit]
No puedo.	**Ik kan niet.**
	[ik kan nit]
No lo sé.	**Ik weet het niet.**
	[ik wēt ət nit]
No le entiendo.	**Ik versta u niet.**
	[ik vər'sta ju nit]

Váyase, por favor.

¡Déjeme en paz!

Ga alstublieft weg.
[xa alstʉ'blift wɛx]

Laat me gerust!
[lāt mə xə'rʉst!]

Es inaguantable.

¡Es un asqueroso!

¡Llamaré a la policía!

Ik kan hem niet uitstaan.
[ik kan hɛm nit 'œʏtstān]

U bent een smeerlap!
[ju bɛnt en 'smērlap!]

Ik ga de politie bellen!
[ik xa də po'litsi 'bɛlən!]

Compartir impresiones. Emociones

Me gusta. | **Dat vind ik fijn.**
[dat vint ik fɛjn]

Muy lindo. | **Heel mooi.**
[hēl mōj]

¡Es genial! | **Wat leuk!**
[wat 'løk!]

No está mal. | **Dat is niet slecht.**
[dat is nit slɛxt]

No me gusta. | **Daar houd ik niet van.**
[dãr 'haut ik nit van]

No está bien. | **Dat is niet goed.**
[dat is nit xut]

Está mal. | **Het is slecht.**
[hɛt is slɛxt]

Está muy mal. | **Het is heel slecht.**
[hɛt is hēl slɛxt]

¡Qué asco! | **Het is smerig.**
[hɛt is 'smerəx]

Estoy feliz. | **Ik ben blij.**
[ik bɛn blɛj]

Estoy contento /contenta/. | **Ik ben tevreden.**
[ik bɛn təv'redən]

Estoy enamorado /enamorada/. | **ik ben verliefd.**
[ik bɛn vər'lift]

Estoy tranquilo. | **Ik voel me rustig.**
[ik vul mə 'rʉstəx]

Estoy aburrido. | **Ik verveel me.**
[ik vər'vēl mə]

Estoy cansado /cansada/. | **Ik ben moe.**
[ik bɛn mu]

Estoy triste. | **Ik ben verdrietig.**
[ik bɛn vər'dritəx]

Estoy asustado. | **Ik ben bang.**
[ik bɛn baŋ]

Estoy enfadado /enfadada/. | **Ik ben kwaad.**
[ik bɛn kwãt]

Estoy preocupado /preocupada/. | **Ik ben bezorgd.**
[ik bɛn bə'zɔrxt]

Estoy nervioso /nerviosa/. | **Ik ben zenuwachtig.**
[ik bɛn 'zenʉwaxtəx]

Estoy celoso /celosa/.   **Ik ben jaloers.**
[ik bɛn ja'lurs]

Estoy sorprendido /sorprendida/.   **Het verwondert me.**
[hɛt vər'wɔndərt mə]

Estoy perplejo /perpleja/.   **Ik sta paf.**
[ik sta paf]

Problemas, Accidentes

Tengo un problema.	**Ik heb een probleem.** [ik hɛp en prɔ'blēm]
Tenemos un problema.	**Wij hebben een probleem.** [wɛj 'hɛbən en prɔ'blēm]
Estoy perdido /perdida/.	**Ik ben de weg kwijt.** [ik bɛn də wɛx kwɛjt]
Perdi el último autobús (tren).	**Ik heb de laatste bus (trein) gemist.** [ik hɛp də 'lātstə bʉs (trɛjn) xə'mist]
No me queda más dinero.	**Ik heb geen geld meer.** [ik hɛp xēn xɛlt mēr]

He perdido ...	**Ik heb mijn ... verloren** [ik hɛp mɛjn ... vər'lɔrən]
Me han robado ...	**Iemand heeft mijn ... gestolen** [imant hēft mɛjn ... xəs'tɔlən]
mi pasaporte	**paspoort** [paspōrt]
mi cartera	**portemonnee** [pɔrtəmɔ'nē]
mis papeles	**papieren** [pa'pirən]
mi billete	**kaartje** [kārtjə]

mi dinero	**geld** [xɛlt]
mi bolso	**tas** [tas]
mi cámara	**camera** [kaməra]
mi portátil	**laptop** ['lɛptɔp]
mi tableta	**tablet** [tab'lɛt]
mi teléfono	**mobieltje** [mɔ'biltjə]

¡Ayúdeme!	**Help!** [hɛlp!]
¿Qué pasó?	**Wat is er aan de hand?** [wat is ɛr ān də hant?]
el incendio	**brand** [brant]

un tiroteo	**er wordt geschoten** [ɛr wɔrt xəs'xɔtən]
el asesinato	**moord** [mõrt]
una explosión	**ontploffing** [ɔntp'lɔfiŋ]
una pelea	**gevecht** [xə'vɛxt]

¡Llame a la policía!	**Bel de politie!** [bɛl də pɔ'litsi!]
¡Más rápido, por favor!	**Opschieten alstublieft!** [ɔpsxitən alstʉ'blift!]
Busco la comisaría.	**Ik zoek het politiebureau.** [ik zuk ət pɔ'litsi bʉ'rɔ]
Tengo que hacer una llamada.	**Ik moet opbellen.** [ik mut ɔ'bɛlən]
¿Puedo usar su teléfono?	**Mag ik uw telefoon gebruiken?** [max ik ʉw telə'fõn xe'brœykən?]

Me han ...	**Ik ben ...** [ik bɛn ...]
asaltado /asaltada/	**overvallen** [ɔvər'valən]
robado /robada/	**bestolen** [bəs'tɔlən]
violada	**verkracht** [vərk'raxt]
atacado /atacada/	**aangevallen** [ānxəvalən]

¿Se encuentra bien?	**Gaat het?** [xāt ət?]
¿Ha visto quien a sido?	**Hebt u gezien wie het was?** [hɛpt ju xə'zin wi ət was?]
¿Sería capaz de reconocer a la persona?	**Zou u de persoon kunnen herkennen?** [zau ju də pɛr'sõn 'kʉnən hɛr'kɛnən?]
¿Está usted seguro?	**Bent u daar zeker van?** [bɛnt ju dār 'zekər van?]

Por favor, cálmese.	**Rustig aan alstublieft.** [rʉstəx ān alstʉ'blift]
¡Cálmese!	**Kalm aan!** [kalm ān!]
¡No se preocupe!	**Maak je geen zorgen!** [māk je xēn 'zɔrxən!]
Todo irá bien.	**Alles komt in orde.** [aləs kɔmt in 'ɔrdə]
Todo está bien.	**Alles is in orde.** [aləs iz in 'ɔrdə]
Venga aquí, por favor.	**Kom hier alstublieft.** [kɔm hir alstʉ'blift]

Tengo unas preguntas para usted.

Ik heb een paar vragen voor u.
[ik hɛp en pãr 'vraxən vōr ju]

Espere un momento, por favor.

Een ogenblikje alstublieft.
[en 'ɔxənblikje alstʉ'blift]

¿Tiene un documento de identidad?

Hebt u een ID-kaart?
[hɛpt ju en aj'di-kãrt?]

Gracias. Puede irse ahora.

Dank u. U mag nu vertrekken.
[dank ju. ju max nʉ vər'trɛkən]

¡Manos detrás de la cabeza!

Handen achter uw hoofd!
[handən 'axtər ʉw hõft!]

¡Está arrestado!

U bent onder arrest!
[ju bɛnt 'ɔndər a'rɛst!]

Problemas de salud

Ayudeme, por favor.	**Kunt u mij helpen alstublieft?** [kʊnt ju mɛj 'hɛlpən alstʉ'blift]
No me encuentro bien.	**Ik voel me niet goed.** [ik vul mə nit xut]
Mi marido no se encuentra bien.	**Mijn man voelt zich niet goed.** [mɛjn man vult zix nit xut]
Mi hijo ...	**Mijn zoon ...** [mɛjn zõn ...]
Mi padre ...	**Mijn vader ...** [mɛjn 'vadər ...]
Mi mujer no se encuentra bien.	**Mijn vrouw voelt zich niet goed.** [mɛjn 'vrau vult zix nit xut]
Mi hija ...	**Mijn dochter ...** [mɛjn 'dɔxtər ...]
Mi madre ...	**Mijn moeder ...** [mɛjn 'mudər ...]
Me duele ...	**Ik heb ...** [ik hɛp ...]
la cabeza	**hoofdpijn** [hõftpɛjn]
la garganta	**keelpijn** [kẽlpɛjn]
el estómago	**maagpijn** [mãxpɛjn]
un diente	**tandpijn** [tantpɛjn]
Estoy mareado.	**Ik voel me duizelig.** [ik vul mə 'dœyzələx]
Él tiene fiebre.	**Hij heeft koorts.** [hɛj hẽft kõrts]
Ella tiene fiebre.	**Zij heeft koorts.** [zɛj hẽft kõrts]
No puedo respirar.	**Ik heb moeite met ademen.** [ik hɛp 'mujtə mɛt 'adəmən]
Me ahogo.	**Ik ben kortademig.** [ik bɛn kɔ'rtadəməx]
Tengo asma.	**Ik ben astmatisch.** [ik bɛn astm'atis]
Tengo diabetes.	**Ik ben diabeet.** [ik bɛn 'diabẽt]

No puedo dormir.

Ik kan niet slapen.
[ik kan nit 'slapən]

intoxicación alimentaria

voedselvergiftiging
[vutsəl·vər'xiftəxiŋ]

Me duele aquí.

Het doet hier pijn.
[hɛt dut hir pɛjn]

¡Ayúdeme!

Help!
[hɛlp!]

¡Estoy aquí!

Ik ben hier!
[ik bɛn hir!]

¡Estamos aquí!

Wij zijn hier!
[wɛj zɛjn hir!]

¡Saquenme de aquí!

Kom mij halen!
[kɔm mɛj 'halən!]

Necesito un médico.

Ik heb een dokter nodig.
[ik hɛp en 'dɔktər 'nɔdəx]

No me puedo mover.

Ik kan me niet bewegen.
[ik kan mə nit bə'wexən]

No puedo mover mis piernas.

Ik kan mijn benen niet bewegen.
[ik kan mɛjn 'benən nit bə'wexən]

Tengo una herida.

Ik heb een wond.
[ik hɛp en wɔnt]

¿Es grave?

Is het erg?
[iz ət ɛrx?]

Mis documentos están en mi bolsillo.

Mijn documenten zijn in mijn zak.
[mɛjn dɔkʉ'mɛntən zɛjn in mɛjn zak]

¡Cálmese!

Rustig maar!
[rʉstəx mār!]

¿Puedo usar su teléfono?

Mag ik uw telefoon gebruiken?
[max ik ʉw telə'fōn xe'brœʏkən?]

¡Llame a una ambulancia!

Bel een ambulance!
[bɛl en ambʉ'lansə!]

¡Es urgente!

Het is dringend!
[hɛt is 'driŋənt!]

¡Es una emergencia!

Het is een noodgeval!
[hɛt is en 'nōtxəval!]

¡Más rápido, por favor!

Opschieten alstublieft!
[ɔpsxitən alstʉ'blift!]

¿Puede llamar a un médico, por favor?

Kunt u alstublieft een dokter bellen?
[kʉnt ju alstʉ'blift en 'dɔktər 'bɛlən?]

¿Dónde está el hospital?

Waar is het ziekenhuis?
[wār iz ət 'zikənhœʏs?]

¿Cómo se siente?

Hoe voelt u zich?
[hu vult ju zix?]

¿Se encuentra bien?

Hoe gaat het?
[hu xāt ət?]

¿Qué pasó?

Wat is er gebeurd?
[wat is ɛr xə'børt?]

Me encuentro mejor.

Ik voel me nu wat beter.
[ik vul mə nu wat 'betər]

Está bien.

Het is okay.
[hɛt is ɔ'kɛj]

Todo está bien.

Het gaat beter.
[hɛt xāt 'betər]

En la farmacia

la farmacia	**apotheek** [apɔ'tēk]
la farmacia 24 horas	**dag en nacht apotheek** [dax en naxt apɔ'tēk]
¿Dónde está la farmacia más cercana?	**Waar is de meest nabij gelegen apotheek?** [wār is də mēst na'bɛj xə'lexən apɔ'tēk?]

¿Está abierta ahora?	**Is hij nu open?** [is hɛj nʉ 'ɔpən?]
¿A qué hora abre?	**Hoe laat gaat hij open?** [hu lāt xāt hɛj 'ɔpən?]
¿A qué hora cierra?	**Hoe laat sluit hij?** [hu lāt slœyt hɛj?]

¿Está lejos?	**Is het ver?** [iz ət vɛr?]
¿Puedo llegar a pie?	**Kan ik er lopend naar toe?** [kan ik ɛr 'lɔpənt nār tu?]
¿Puede mostrarme en el mapa?	**Kunt u het op de plattegrond aanwijzen?** [kʉnt ju ət ɔp də platə'xrɔnt 'ānwɛjzən?]

Por favor, deme algo para ...	**Geef mij alstublieft iets voor ...** [xēf mɛj alstʉ'blift its vōr ...]
un dolor de cabeza	**hoofdpijn** [hōftpɛjn]
la tos	**hoest** [hust]
el resfriado	**verkoudheid** [vər'kauthɛjt]
la gripe	**de griep** [də xrip]

la fiebre	**koorts** [kōrts]
un dolor de estomago	**maagpijn** [māxpɛjn]
nauseas	**misselijkheid** ['misələkhɛjt]
la diarrea	**diarree** [dia'rē]

el estreñimiento

un dolor de espalda

un dolor de pecho

el flato

un dolor abdominal

constipatie
[kɔnsti'patsi]

rugpijn
[rʉxpɛjn]

pijn in mijn borst
[pɛjn in mɛjn bɔrst]

steek in de zij
[stēk in də zɛj]

pijn in mijn onderbuik
[pɛjn in mɛjn 'ɔndərbœʏk]

la píldora

la crema

el jarabe

el spray

las gotas

pil
[pil]

zalf, crème
[zalf, krɛ:m]

stroop
[strōp]

verstuiver
[vərstœʏvər]

druppels
[drʉpəls]

Tiene que ir al hospital.

el seguro de salud

la receta

el repelente de insectos

la curita

U moet naar het ziekenhuis.
[ju mut nār ət 'zikənhœʏs]

ziektekostenverzekering
[ziktəkɔstən·vər'zekəriŋ]

voorschrift
[vōrsxrift]

anti-insecten middel
[anti-in'sɛktən 'midəl]

pleister
['plɛjstər]

Lo más imprescindible

Perdone, ...	**Pardon, ...** [par'dɔn, ...]
Hola.	**Hallo.** [halɔ]
Gracias.	**Bedankt.** [bə'dankt]

Sí.	**Ja.** [ja]
No.	**Nee.** [nē]
No lo sé.	**Ik weet het niet.** [ik wēt ət nit]
¿Dónde? | ¿A dónde? | ¿Cuándo?	**Waar? | Waarheen? | Wanneer?** [wār? | wār'hēn? | wa'nēr?]

Necesito ...	**Ik heb ... nodig** [ik hɛp ... 'nɔdəx]
Quiero ...	**Ik wil ...** [ik wil ...]
¿Tiene ...?	**Hebt u ...?** [hɛpt ju ...?]
¿Hay ... por aquí?	**Is hier een ...?** [is hir en ...?]
¿Puedo ...?	**Mag ik ...?** [max ik ...?]
..., por favor? (petición educada)	**... alstublieft** [... alstu'blift]

Busco ...	**Ik zoek ...** [ik zuk ...]
el servicio	**toilet** [twa'lɛt]
un cajero automático	**geldautomaat** [xɛlt·autɔ'māt]
una farmacia	**apotheek** [apɔ'tēk]
el hospital	**ziekenhuis** [zikənhœys]

la comisaría	**politiebureau** [pɔ\'litsi bu\'rɔ]
el metro	**metro** ['metrɔ]

un taxi	**taxi** [taksi]
la estación de tren	**station** [staˈtsjɔn]

Me llamo …	**Ik heet …** [ik hēt …]
¿Cómo se llama?	**Hoe heet u?** [hu hēt ju?]
¿Puede ayudarme, por favor?	**Kunt u me helpen alstublieft?** [kʉnt ju mə ˈhɛlpən alstʉˈblift?]
Tengo un problema.	**Ik heb een probleem.** [ik hɛp en prɔˈblēm]
Me encuentro mal.	**Ik voel me niet goed.** [ik vul mə nit xut]
¡Llame a una ambulancia!	**Bel een ambulance!** [bɛl en ambʉˈlansə!]
¿Puedo llamar, por favor?	**Mag ik opbellen?** [max ik ɔˈbɛlən?]

Lo siento.	**Sorry.** [ˈsɔri]
De nada.	**Graag gedaan.** [xrãx xəˈdãn]

Yo	**Ik, mij** [ik, mɛj]
tú	**jij** [jɛj]
él	**hij** [hɛj]
ella	**zij** [zɛj]
ellos	**zij** [zɛj]
ellas	**zij** [zɛj]
nosotros /nosotras/	**wij** [wɛj]
ustedes, vosotros	**jullie** [ˈjuli]
usted	**u** [ju]

ENTRADA	**INGANG** [inxaŋ]
SALIDA	**UITGANG** [œytxaŋ]
FUERA DE SERVICIO	**BUITEN GEBRUIK** [bœytən xəˈbrœyk]
CERRADO	**GESLOTEN** [xəˈslɔtən]

ABIERTO

OPEN
[ˈɔpən]

PARA SEÑORAS

DAMES
[daməs]

PARA CABALLEROS

HEREN
[ˈherən]

MINI DICCIONARIO

Esta sección contiene 250
palabras útiles necesarias
para la comunicación diaria.
Encontrará ahí los nombres
de los meses y de los días
de la semana.
El diccionario también
contiene temas relevantes
tales como colores, medidas,
familia, y más

T&P Books Publishing

CONTENIDO
DEL DICCIONARIO

T&P Books Publishing

tiempo (m)	**tijd (de)**	[tɛjt]
hora (f)	**uur (het)**	[ūr]
media hora (f)	**halfuur (het)**	[half 'ūr]
minuto (m)	**minuut (de)**	[mi'nūt]
segundo (m)	**seconde (de)**	[se'kɔndə]
hoy (adv)	**vandaag**	[van'dāx]
mañana (adv)	**morgen**	['mɔrxən]
ayer (adv)	**gisteren**	['xistərən]
lunes (m)	**maandag (de)**	['māndax]
martes (m)	**dinsdag (de)**	['dinsdax]
miércoles (m)	**woensdag (de)**	['wunsdax]
jueves (m)	**donderdag (de)**	['dɔndərdax]
viernes (m)	**vrijdag (de)**	['vrɛjdax]
sábado (m)	**zaterdag (de)**	['zatərdax]
domingo (m)	**zondag (de)**	['zɔndax]
día (m)	**dag (de)**	[dax]
día (m) de trabajo	**werkdag (de)**	['wɛrk·dax]
día (m) de fiesta	**feestdag (de)**	['fēst·dax]
fin (m) de semana	**weekend (het)**	['wikənt]
semana (f)	**week (de)**	[wēk]
semana (f) pasada	**vorige week**	['vɔrixə wēk]
semana (f) que viene	**volgende week**	['vɔlxəndə wēk]
por la mañana	**'s morgens**	[s 'mɔrxəns]
por la tarde	**'s middags**	[s 'midax]
por la noche	**'s avonds**	[s 'avɔnts]
esta noche	**vanavond**	[va'navɔnt]
(p.ej. 8:00 p.m.)		
por la noche	**'s nachts**	[s naxts]
medianoche (f)	**middernacht (de)**	['midər·naxt]
enero (m)	**januari (de)**	[janʉ'ari]
febrero (m)	**februari (de)**	[febrʉ'ari]
marzo (m)	**maart (de)**	[mārt]
abril (m)	**april (de)**	[ap'ril]
mayo (m)	**mei (de)**	[mɛj]
junio (m)	**juni (de)**	['juni]
julio (m)	**juli (de)**	['juli]
agosto (m)	**augustus (de)**	[au'xʉstʉs]

septiembre (m)	september (de)	[sɛp'tɛmbər]
octubre (m)	oktober (de)	[ɔk'tɔbər]
noviembre (m)	november (de)	[nɔ'vɛmbər]
diciembre (m)	december (de)	[de'sɛmbər]
en primavera	in de lente	[in də 'lɛntə]
en verano	in de zomer	[in də 'zɔmər]
en otoño	in de herfst	[in də hɛrfst]
en invierno	in de winter	[in də 'wintər]
mes (m)	maand (de)	[mānt]
estación (f)	seizoen (het)	[sɛj'zun]
año (m)	jaar (het)	[jār]

2. Números. Los numerales

cero	nul	[nʉl]
uno	een	[en]
dos	twee	[twē]
tres	drie	[dri]
cuatro	vier	[vir]
cinco	vijf	[vɛjf]
seis	zes	[zɛs]
siete	zeven	['zevən]
ocho	acht	[axt]
nueve	negen	['nexən]
diez	tien	[tin]
once	elf	[ɛlf]
doce	twaalf	[twālf]
trece	dertien	['dɛrtin]
catorce	veertien	['vērtin]
quince	vijftien	['vɛjftin]
dieciséis	zestien	['zɛstin]
diecisiete	zeventien	['zevəntin]
dieciocho	achttien	['axtin]
diecinueve	negentien	['nexəntin]
veinte	twintig	['twintəx]
treinta	dertig	['dɛrtəx]
cuarenta	veertig	['vērtəx]
cincuenta	vijftig	['vɛjftəx]
sesenta	zestig	['zɛstəx]
setenta	zeventig	['zevəntəx]
ochenta	tachtig	['tahtəx]
noventa	negentig	['nexəntəx]
cien	honderd	['hɔndərt]

doscientos	tweehonderd	[twĕ·'hɔndərt]
trescientos	driehonderd	[dri·'hɔndərt]
cuatrocientos	vierhonderd	[vir·'hɔndərt]
quinientos	vijfhonderd	[vɛjf·'hɔndərt]
seiscientos	zeshonderd	[zɛs·'hɔndərt]
setecientos	zevenhonderd	['zevən·'hɔndərt]
ochocientos	achthonderd	[axt·'hɔndərt]
novecientos	negenhonderd	['nexən·'hɔndərt]
mil	duizend	['dœyzənt]
diez mil	tienduizend	[tin·'dœyzənt]
cien mil	honderdduizend	['hɔndərt·'dœyzənt]
millón (m)	miljoen (het)	[mi'ljun]
mil millones	miljard (het)	[mi'ljart]

3. El ser humano. Los familiares

hombre (m) (varón)	man (de)	[man]
joven (m)	jongen (de)	['jɔŋən]
mujer (f)	vrouw (de)	['vrau]
muchacha (f)	meisje (het)	['mɛjɕə]
anciano (m)	oude man (de)	['audə man]
anciana (f)	oude vrouw (de)	['audə 'vrau]
madre (f)	moeder (de)	['mudər]
padre (m)	vader (de)	['vadər]
hijo (m)	zoon (de)	[zõn]
hija (f)	dochter (de)	['dɔxtər]
hermano (m)	broer (de)	[brur]
hermana (f)	zuster (de)	['zʉstər]
padres (pl)	ouders	['audərs]
niño -a (m, f)	kind (het)	[kint]
niños (pl)	kinderen	['kindərən]
madrastra (f)	stiefmoeder (de)	['stif·mudər]
padrastro (m)	stiefvader (de)	['stif·vadər]
abuela (f)	oma (de)	['ɔma]
abuelo (m)	opa (de)	['ɔpa]
nieto (m)	kleinzoon (de)	[klɛjn·zõn]
nieta (f)	kleindochter (de)	[klɛjn·'dɔxtər]
nietos (pl)	kleinkinderen	[klɛjn·'kindərən]
tío (m)	oom (de)	[õm]
tía (f)	tante (de)	['tantə]
sobrino (m)	neef (de)	[nĕf]
sobrina (f)	nicht (de)	[nixt]
mujer (f)	vrouw (de)	['vrau]

marido (m)	man (de)	[man]
casado (adj)	gehuwd	[xə'hʉwt]
casada (adj)	gehuwd	[xə'hʉwt]
viuda (f)	weduwe (de)	['wedʉwə]
viudo (m)	weduwnaar (de)	['wedʉwnãr]
nombre (m)	naam (de)	[nãm]
apellido (m)	achternaam (de)	['axtər·nãm]
pariente (m)	familielid (het)	[fa'mililit]
amigo (m)	vriend (de)	[vrint]
amistad (f)	vriendschap (de)	['vrintsxap]
compañero (m)	partner (de)	['partnər]
superior (m)	baas (de)	[bãs]
colega (m, f)	collega (de)	[kɔ'lexa]
vecinos (pl)	buren	['bʉrən]

4. El cuerpo. La anatomía humana

cuerpo (m)	lichaam (het)	['lixãm]
corazón (m)	hart (het)	[hart]
sangre (f)	bloed (het)	[blut]
cerebro (m)	hersenen	['hɛrsənən]
hueso (m)	been (het)	[bẽn]
columna (f) vertebral	ruggengraat (de)	['rʉxə·xrãt]
costilla (f)	rib (de)	[rib]
pulmones (m pl)	longen	['lɔŋən]
piel (f)	huid (de)	['hœyt]
cabeza (f)	hoofd (het)	[hõft]
cara (f)	gezicht (het)	[xə'ziht]
nariz (f)	neus (de)	['nøs]
frente (f)	voorhoofd (het)	['võrhõft]
mejilla (f)	wang (de)	[waŋ]
boca (f)	mond (de)	[mɔnt]
lengua (f)	tong (de)	[tɔŋ]
diente (m)	tand (de)	[tant]
labios (m pl)	lippen	['lipən]
mentón (m)	kin (de)	[kin]
oreja (f)	oor (het)	[õr]
cuello (m)	hals (de)	[hals]
ojo (m)	oog (het)	[õx]
pupila (f)	pupil (de)	[pʉ'pil]
ceja (f)	wenkbrauw (de)	['wɛnk·brau]
pestaña (f)	wimper (de)	['wimpər]
pelo, cabello (m)	haren	['harən]

peinado (m)	kapsel (het)	['kapsəl]
bigote (m)	snor (de)	[snɔr]
barba (f)	baard (de)	[bārt]
tener (~ la barba)	dragen	['draxən]
calvo (adj)	kaal	[kāl]

mano (f)	hand (de)	[hant]
brazo (m)	arm (de)	[arm]
dedo (m)	vinger (de)	['viŋər]
uña (f)	nagel (de)	['naxəl]
palma (f)	handpalm (de)	['hantpalm]

hombro (m)	schouder (de)	['sxaudər]
pierna (f)	been (het)	[bēn]
rodilla (f)	knie (de)	[kni]
talón (m)	hiel (de)	[hil]
espalda (f)	rug (de)	[rʉx]

5. La ropa. Accesorios personales

ropa (f)	kleren (mv.)	['klerən]
abrigo (m)	jas (de)	[jas]
abrigo (m) de piel	bontjas (de)	[bɔnt jas]
cazadora (f)	jasje (het)	['jaɕə]
impermeable (m)	regenjas (de)	['rexən jas]

camisa (f)	overhemd (het)	['ɔvərhɛmt]
pantalones (m pl)	broek (de)	[bruk]
chaqueta (f), saco (m)	colbert (de)	['kɔlbər]
traje (m)	kostuum (het)	[kɔs'tūm]

vestido (m)	jurk (de)	[jurk]
falda (f)	rok (de)	[rɔk]
camiseta (f) (T-shirt)	T-shirt (het)	['tiʃøt]
bata (f) de baño	badjas (de)	['batjas]
pijama (m)	pyjama (de)	[pi'jama]
ropa (f) de trabajo	werkkleding (de)	['wɛrk·'klediŋ]

ropa (f) interior	ondergoed (het)	['ɔndərxut]
calcetines (m pl)	sokken	['sɔkən]
sostén (m)	beha (de)	[be'ha]
pantimedias (f pl)	panty (de)	['pɛnti]
medias (f pl)	nylonkousen	['nɛjlɔn·'kausən]
traje (m) de baño	badpak (het)	['bad·pak]

gorro (m)	hoed (de)	[hut]
calzado (m)	schoeisel (het)	['sxuisəl]
botas (f pl) altas	laarzen	['lārzən]
tacón (m)	hiel (de)	[hil]
cordón (m)	veter (de)	['vetər]

betún (m)	schoensmeer (de/het)	['sxun·smēr]
guantes (m pl)	handschoenen	['xand 'sxunən]
manoplas (f pl)	wanten	['wantən]
bufanda (f)	sjaal (de)	[çāl]
gafas (f pl)	bril (de)	[bril]
paraguas (m)	paraplu (de)	[parap'lʉ]
corbata (f)	das (de)	[das]
moquero (m)	zakdoek (de)	['zagduk]
peine (m)	kam (de)	[kam]
cepillo (m) de pelo	haarborstel (de)	[hār·'bɔrstəl]
hebilla (f)	gesp (de)	[xɛsp]
cinturón (m)	broekriem (de)	['bruk·rim]
bolso (m)	damestas (de)	['damǝs·tas]

6. La casa. El apartamento

apartamento (m)	appartement (het)	[apartǝ'mɛnt]
habitación (f)	kamer (de)	['kamǝr]
dormitorio (m)	slaapkamer (de)	['slāp·kamǝr]
comedor (m)	eetkamer (de)	[ēt·'kamǝr]
salón (m)	salon (de)	[sa'lɔn]
despacho (m)	studeerkamer (de)	[stu'dēr·'kamǝr]
antecámara (f)	gang (de)	[xaŋ]
cuarto (m) de baño	badkamer (de)	['bat·kamǝr]
servicio (m)	toilet (het)	[tua'lɛt]
aspirador (m), aspiradora (f)	stofzuiger (de)	['stɔf·zœyxǝr]
fregona (f)	zwabber (de)	['zwabǝr]
trapo (m)	poetsdoek (de)	['putsduk]
escoba (f)	veger (de)	['vexǝr]
cogedor (m)	stofblik (het)	['stɔf·blik]
muebles (m pl)	meubels	['møbǝl]
mesa (f)	tafel (de)	['tafǝl]
silla (f)	stoel (de)	[stul]
sillón (m)	fauteuil (de)	[fɔ'tøj]
espejo (m)	spiegel (de)	['spixǝl]
tapiz (m)	tapijt (het)	[ta'pɛjt]
chimenea (f)	haard (de)	[hārt]
cortinas (f pl)	gordijnen	[xɔr'dɛjnǝn]
lámpara (f) de mesa	bureaulamp (de)	[bʉ'rɔ·lamp]
lámpara (f) de araña	luchter (de)	['lʉxtǝr]
cocina (f)	keuken (de)	['køkǝn]
cocina (f) de gas	gasfornuis (het)	[xas·fɔr'nœys]
cocina (f) eléctrica	elektrisch fornuis (het)	[ɛ'lɛktris fɔr'nœys]

horno (m) microondas	**magnetronoven (de)**	['mahnətrɔn·'ɔvən]
frigorífico (m)	**koelkast (de)**	['kul·kast]
congelador (m)	**diepvriezer (de)**	[dip·'vrizər]
lavavajillas (m)	**vaatwasmachine (de)**	['vātwas·ma'ʃinə]
grifo (m)	**kraan (de)**	[krān]
picadora (f) de carne	**vleesmolen (de)**	['vlēs·mɔlən]
exprimidor (m)	**vruchtenpers (de)**	['vrʉxtən·pɛrs]
tostador (m)	**toaster (de)**	['tōstər]
batidora (f)	**mixer (de)**	['miksər]
cafetera (f) (aparato de cocina)	**koffiemachine (de)**	['kɔfi·ma'ʃinə]
hervidor (m) de agua	**fluitketel (de)**	['flœʏt·'ketəl]
tetera (f)	**theepot (de)**	['tē·pɔt]
televisor (m)	**televisie (de)**	[telə'vizi]
vídeo (m)	**videorecorder (de)**	['videɔ·re'kɔrdər]
plancha (f)	**strijkijzer (het)**	['strɛjk·ɛjzər]
teléfono (m)	**telefoon (de)**	[telə'fōn]

www.ingramcontent.com/pod-product-compliance
Lightning Source LLC
Chambersburg PA
CBHW070840050426
42452CB00011B/2360